40 Minutos

DE ESTUDIO BÍBLICO

PROGRAMA DE
ESTUDIO
EN 6 SEMANAS

MINISTERIOS
PRECEPTO
INTERNACIONAL

I0200538

AMANDO A DIOS Y A LOS DEMÁS:

EL CORAZÓN

DE LA

VERDADERA FE

**KAY ARTHUR
DAVID &
BJ LAWSON**

Amando a Dios y a los demás: El corazón de la Verdadera Fe
Publicado en inglés por WaterBrook Press
12265 Oracle Boulevard, Suite 200
Colorado Springs, Colorado 80921
Una división de Random House Inc.

Todas las citas bíblicas han sido tomadas de la Nueva Biblia Latinoamericana de Hoy;
© Copyright 2005
Por la Fundación Lockman.
Usadas con permiso (www.lockman.org).

ISBN 978-1-62119-211-4

CONTENIDO

CÓMO USAR ESTE ESTUDIO

Este estudio bíblico ha sido diseñado para grupos pequeños que están interesados en conocer la Biblia, pero que disponen de poco tiempo para reunirse. Por ejemplo, es ideal para grupos que se reúnen a la hora de almuerzo en el trabajo, para estudios bíblicos de hombres, para grupos de estudio de damas, para clases pequeñas de Escuela Dominical, o incluso para devocionales familiares. También, es ideal para grupos que se reúnen durante períodos más largos – como por las noches o los sábados por la mañana – pero que sólo quieren dedicar una parte de su tiempo al estudio bíblico, reservando el resto del tiempo para la oración, comunión y otras actividades.

Este libro está diseñado de tal forma que el grupo tendrá que realizar la tarea de cada lección al mismo tiempo que se realiza el estudio. El discutir las observaciones a partir de lo que Dios dice acerca del tema revela verdades emocionantes e impactantes.

Aunque es un estudio grupal, se necesitará un facilitador para dirigir al grupo – alguien que permita que la discusión se mantenga activa. La función de esta persona no es la de conferencista o maestro. No obstante, cuando este libro se usa en una clase de Escuela Dominical, o en una reunión similar, el maestro debe sentirse en libertad de dirigir el estudio de forma más abierta, dando otras observaciones además de las que se encuentran en la lección semanal.

Si eres el facilitador del grupo, el líder, a continuación encontrarás algunas recomendaciones que te ayudarán hacer más fácil tu trabajo:

- Antes de dirigir al grupo, revisa toda la lección y marca el texto. Esto te familiarizará con el contenido y te capacitará para ayudar al grupo con mayor facilidad. Te será más cómodo dirigir al grupo siguiendo las instrucciones de cómo marcar, si tú como líder escoges un color específico para cada símbolo que marques.

- Al dirigir el grupo, comienza por el inicio del texto y lee en voz alta siguiendo el orden que aparece en la lección, incluyendo los "cuadros de aclaración" que pueden aparecer. Trabajen la lección juntos, observando y discutiendo lo que aprenden. Al leer los versículos bíblicos, haz que el grupo diga en voz alta la palabra que se está marcando en el texto.

- Las preguntas de discusión sirven para ayudarte a cubrir toda la lección. A medida que la clase participe en la discusión, muchas veces te darás cuenta de que ellos responderán a las preguntas por sí mismos. Ten presente que las preguntas de discusión son para guiar al grupo en el tema, no para suprimir la discusión.

- Recuerda lo importante que es para la gente el expresar sus respuestas y descubrimientos. Esto fortalece grandemente su entendimiento personal de la lección semanal. Asegúrate de que todos tengan oportunidad de contribuir en la discusión semanal.

- Mantén la discusión activa. Esto puede significar el pasar más tiempo en algunas partes del estudio que en otras. De ser necesario, siéntete en libertad de desarrollar una lección en más de una sesión. Sin embargo, recuerda que no debes ir a un ritmo muy lento. Es mejor que cada uno sienta que contribuye a la discusión semanal, "que deseen más", a que se retiren por falta de interés.

- Si las respuestas del grupo no te parecen adecuadas, puedes recordarles cortésmente, que deben mantenerse enfocados en la verdad de las Escrituras. La meta es aprender lo que la Biblia dice, no adaptarse a filosofías humanas. Sujétate únicamente a las Escrituras y permite que Dios te hable. ¡Su Palabra es verdad (Juan 17:17)!

AMANDO A DIOS Y A LOS DEMÁS: EL CORAZÓN DE LA VERDADERA FE

¿ Alguna vez te has preguntado *qué es lo que Dios realmente quiere de ti?*

Los que verdaderamente quieren agradar a Dios fácilmente podrían confundirse. Un maestro de Biblia detallaría una larga lista de todos los mandamientos que deberías guardar. El siguiente diría que ya no estás bajo ninguna ley; que todo lo que importa es la gracia. ¿Significa eso que no deberías guardar ningún mandamiento? ¿Quién tiene la razón?

¿Qué se necesita para vivir una vida que le agrade a Dios?

Siglos atrás, los expertos en la ley judía tomaron los Diez Mandamientos y los multiplicaron en 613 leyes -vaya confusión. Jesús, al contrario, tomó los Diez Mandamientos y los dividió en tan solo dos: ama a Dios y ama a los demás.

En las siguientes seis lecciones veremos estos dos grandes mandamientos que definen el corazón de la fe cristiana – y aprenderemos cómo el seguirlos puede transformar no solo tu vida sino también la de quienes te rodean.

Cuando un experto en la ley preguntó cuál era el más grande mandamiento, Jesús respondió refiriéndose al Shema, una confesión básica de fe del judaísmo que llama a las personas a amar a Dios con todo su corazón, alma, mente y fuerzas. Esta respuesta es lo que el experto en la ley esperaba; sin embargo, lo que Jesús dijo después sorprendió a Sus oyentes y cambió el curso de la historia. El pueblo de Dios no solamente debía amarlo con todo su corazón, alma, mente y fuerzas, sino también amar a los demás como a sí mismos.

OBSERVA

Los líderes religiosos de esa época tenían un solo objetivo: deshacerse de Jesús. Para ese fin, ellos desafiaban Su autoridad. La escena que veremos a continuación tiene lugar justo después que los saduceos intentaron sin éxito forzar a Jesús a decir algo que lo metiera en problemas con la gente y los gobernantes romanos. Ahora eran los fariseos quienes intentaban hacer lo mismo. Ellos enviaron un experto en la Ley a hacerle una pregunta que era fuertemente debatida entre los líderes religiosos de la época.

Líder: Lee Mateo 22:34-40 en voz alta.
Pide al grupo que diga en voz alta y ...

Mateo 22:34-40

³⁴ Los Fariseos se agruparon al oír que Jesús había dejado callados a los Saduceos.

³⁵ Uno de ellos, intérprete de la Ley (experto en la Ley de Moisés), para poner a prueba a Jesús, Le preguntó:

³⁶ "Maestro, ¿cuál es el gran mandamiento de la Ley?"

³⁷ Y Él le contestó: "Amarás al Señor tu Dios con todo tu corazón, y con toda tu alma, y con toda tu mente.

³⁸ Este es el grande y primer mandamiento.

³⁹ Y el segundo es semejante a éste: Amarás a tu prójimo como a ti mismo.

⁴⁰ De estos dos mandamientos dependen toda la Ley y los Profetas."

- *Marque cada referencia a **Jesús**, incluyendo Sus sinónimos y pronombres, con una cruz:* ✝
- *Dibuje un corazón sobre la palabra **amor**:* ♡

Conforme lean el texto, resulta muy útil que el grupo diga las palabras clave en voz alta a medida que las vayan marcando. De esta manera todos estarán seguros de que están marcando cada vez que aparece la palabra, incluyendo las palabras o frases sinónimas. Hagan esto a lo largo del estudio.

DISCUTE

- ¿Qué le preguntó el fariseo a Jesús?

- ¿Cuál fue la respuesta de Jesús?

- ¿Cuál identificó Jesús como el segundo mandamiento más importante?

• ¿Qué aprendemos de estos mandamientos en el versículo 40?

ACLARACIÓN

La frase *La Ley y los Profetas* era la manera estándar de referirse a las Escrituras hebreas (nuestro Antiguo Testamento). Cuando Jesús dijo: "De estos dos mandamientos dependen la Ley y los Profetas", Él quiso decir que todos los demás mandamientos están resumidos o contenidos en esos dos.

OBSERVA

Al reducir la Ley a tan solo dos mandamientos, ¿estaba Jesús aboliendo el resto de la Ley y los Profetas?

Líder: Lee Mateo 5:17-20 en voz alta. Pide al grupo que diga en voz alta y...

Mateo 5:17-20

¹⁷ "No piensen que he venido para poner fin a la Ley o a los Profetas; no he venido para poner fin, sino para cumplir.

[18] Porque en verdad les digo que hasta que pasen el cielo y la tierra, no se perderá ni la letra más pequeña ni una tilde de la Ley hasta que toda se cumpla.

[19] "Cualquiera, pues, que anule uno solo de estos mandamientos, aun de los más pequeños, y así lo enseñe a otros, será llamado muy pequeño en el reino de los cielos; pero cualquiera que los guarde y los enseñe, éste será llamado grande en el reino de los cielos.

[20] Porque les digo a ustedes que si su justicia no supera la de los escribas y Fariseos, no entrarán en el reino de los cielos.

- *Marque las inferencias verbales como **he** venido, que se refieren a **Jesús**, con una cruz.*

- *Dibuje un rectángulo alrededor de cada referencia a **la Ley**, incluyendo pronombres y sinónimos como **mandamientos**:* ☐

DISCUTE

- ¿Qué aprendiste al marcar las referencias a Jesús?

- ¿Qué aprendiste al marcar las referencias a la Ley?

- Para asegurarnos de que no te lo pierdas, ¿cuál era la intención de Jesús con respecto a la Ley?

OBSERVA

Pablo, escribiendo más tarde, comentó sobre lo que significa la ley para un cristiano.

Líder: Lee Romanos 13:8-10 en voz alta. Pide al grupo que…

• *Dibuje un corazón sobre cada ocurrencia de la palabra amor.*

• *Subraye cada __mandamiento__.*

DISCUTE

• Busca dónde marcaste *amor* y discute lo que aprendiste.

• ¿Qué sabes de aquel que ama a su prójimo? ¿Cómo se relaciona el versículo 10 con el 9? Explica tu respuesta.

Romanos 13:8-10

[8] No deban a nadie nada, sino el amarse unos a otros. Porque el que ama a su prójimo, ha cumplido la ley.

[9] Porque esto: "No cometerás adulterio, no matarás, no hurtarás, no codiciarás," y cualquier otro mandamiento, en estas palabras se resume: "Amarás a tu prójimo como a ti mismo."

[10] El amor no hace mal al prójimo. Por tanto, el amor es el cumplimiento de la ley.

- Una línea de una popular canción en inglés pregunta: "¿Qué tiene que ver el amor con eso?" Entonces, ¿qué tiene que ver el amor con el obedecer los mandamientos?

- Para que no te lo pierdas, ¿es el objetivo de Dios que el creyente simplemente obedezca las "reglas"? Explica tu respuesta.

Marcos 12:32-34

³² Y el escriba Le dijo: "Muy bien, Maestro; con verdad has dicho que Él es Uno, y no hay otro además de Él;

³³ y que amarle a Él con todo el corazón y con todo el entendimiento y con todas las fuerzas, y amar al prójimo como a uno mismo, es más que

OBSERVA

El evangelio de Marcos expande la misma historia de Mateo 22. El experto en la ley, o escriba, siguió hablando con Jesús.

Líder: Lee Marcos 12:32-34 en voz alta. Pide al grupo que haga lo siguiente:
- *Marque cada referencia a **Jesús**, incluyendo sinónimos y pronombres, con una cruz:* ✝
- *Dibuje un corazón sobre la palabra **amor**:* ♡
- *Subraye **los dos mandamientos** en este pasaje.*

DISCUTE

- ¿Qué nueva información encontraste al leer el relato de Marcos acerca de este encuentro?

- ¿Qué información nos da sobre el escriba, el final del versículo 33? ¿Qué estaba comenzando a entender sobre lo que más le importa a Dios? Explica tu respuesta.

- Discute cómo puede aplicarse a tu vida diaria esta conversación entre Jesús y el escriba. ¿Hay algo que necesitas hacer diferente para asegurarte de que tus prioridades se alinean con las de Dios?

todos los holocaustos y los sacrificios."

34 Viendo Jesús que él había respondido sabiamente, le dijo: "No estás lejos del reino de Dios." Y después de eso, nadie se aventuraba a hacer más preguntas.

Deuteronomio 6:5

Amarás al Señor tu Dios con todo tu corazón, con toda tu alma y con toda tu fuerza.

Levítico 19:18

No te vengarás, ni guardarás rencor a los hijos de tu pueblo, sino que amarás a tu prójimo como a ti mismo. Yo soy el Señor.

OBSERVA

¿De dónde salió la idea de resumir todas las leyes en tan solo dos mandamientos?

Líder: Lee Deuteronomio 6:5 y Levítico 19:18.
  • *Pide al grupo que diga en voz alta y marque con un corazón cada vez que aparezca la palabra **amarás.***

ACLARACIÓN

Una manera de entender mejor lo que el texto está diciendo es usando las seis preguntas básicas – *quién, qué, cómo, cuándo, dónde* y *por qué* – referentes al pasaje. Cuando empleas estas preguntas, te detienes a pensar y ver realmente lo que el escritor está diciendo.

DISCUTE

  • ¿Qué aprendiste al marcar *amarás* en Deuteronomio 6:5?

  • ¿A **quién** debes amar?

* ¿**Cómo** debes amarlo?

* ¿**Qué** significa eso? Explica tu respuesta.

* ¿Qué aprendiste acerca del amor en Levítico 19:18?

* ¿A **quién** debes amar?

* ¿**Cómo** debes amarlos?

* ¿**Por qué** debes hacerlo?

OBSERVA

Ahora veamos a la Ley, los Diez Mandamientos.

Líder: Lee Éxodo 20:3-17 en voz alta. Pide al grupo que…

Éxodo 20:3-17

³ "No tendrás otros ① dioses delante de Mí.

② ⁴ "No te harás ningún ídolo (imagen tallada),

ni semejanza alguna de lo que está arriba en el cielo, ni abajo en la tierra, ni en las aguas debajo de la tierra.

[5] No los adorarás (No te inclinarás ante ellos) ni los servirás. Porque Yo, el SEÑOR tu Dios, soy Dios celoso, que castigo la iniquidad de los padres sobre los hijos hasta la tercera y cuarta generación de los que Me aborrecen,

[6] y muestro misericordia a millares, a los que Me aman y guardan Mis mandamientos.

③

[7] "No tomarás el nombre del SEÑOR tu Dios en vano, porque el SEÑOR no tendrá por inocente al que tome Su nombre en vano.

• *Marque cada referencia a **Dios**, incluyendo sinónimos y pronombres, con un triángulo:*

△

• *Numere cada uno de **los Diez Mandamientos** en el texto. Los primeros tres ya están marcados como ejemplo.*

DISCUTE

• Haz una lista de los mandamientos que se refieren directamente a nuestra relación con Dios.

• Haz una lista de todos los otros mandamientos.

- ¿Qué notas respecto a estas dos listas? ¿Cómo podrías resumir el tema central de cada una de ellas? ¿Cómo se relaciona con nuestro estudio?

8 "Acuérdate del día de reposo para santificarlo.

9 "Seis días trabajarás y harás toda tu obra,

10 pero el séptimo día es día de reposo para el SEÑOR tu Dios. No harás en él trabajo alguno, tú, ni tu hijo, ni tu hija, ni tu siervo, ni tu sierva, ni tu ganado, ni el extranjero que está contigo.

Al terminar la lección de esta semana, repasa lo que has aprendido y luego responde las siguientes preguntas:

- ¿Cuál dijo Jesús que es el mandamiento más importante?

- ¿Cuál es el segundo más importante?

11 Porque en seis días hizo el SEÑOR los cielos y la tierra, el mar y todo lo que en ellos hay, y reposó en el séptimo día. Por tanto, el SEÑOR bendijo el día de reposo y lo santificó.

¹² "Honra a tu padre y a tu madre, para que tus días sean prolongados en la tierra que el SEÑOR tu Dios te da.

• ¿Qué une a estos dos mandamientos?

¹³ "No matarás (No asesinarás).

¹⁴ "No cometerás adulterio.

• ¿Cuál es la relación entre la Ley y estos dos mandamientos? Explica tu respuesta.

¹⁵ "No hurtarás.

¹⁶ "No darás falso testimonio contra tu prójimo.

¹⁷ "No codiciarás la casa de tu prójimo. No codiciarás la mujer de tu prójimo, ni su siervo, ni su sierva, ni su buey, ni su asno, ni nada que sea de tu prójimo."

FINALIZANDO

Esta semana vimos la respuesta de Jesús a una pregunta que sigue siendo fuertemente debatida hoy en día como en los tiempos de los fariseos: ¿Cuál es el requerimiento más importante que tiene Dios de parte de Su pueblo? Jesús claramente dijo que amar a Dios es nuestra primera obligación. Pero también identificó como fundamental un segundo mandamiento: Levítico 19:18. Estos dos mandamientos son los más grandes de todos, y los demás salen de ellos.

El amor es el pegamento que sostiene no solo la Ley y los Profetas, sino también el Evangelio. Sin amor, la cristiandad sería como cualquier otra religión con un sistema de reglas y regulaciones que conducen al legalismo y esclavitud, en vez de libertad y gracia. Eso es lo que Jesús quiso decir cuando dijo: "si su justicia no supera la de los escribas y Fariseos, no entrarán en el reino de los cielos" (Mateo 5:20). Los fariseos veían la Ley como una lista de cosas por hacer para probar su justicia. Jesús, sin embargo, identificó el propósito de la Ley como una guía para recordarnos amar a Dios y a los demás. Él aparentemente fue el primero en unir estos dos mandamientos y usarlos para resumir la ley.

Un profundo sentido de agradecimiento por lo que Dios ha hecho por nosotros es lo que debería motivarnos a amarlo a Él y a los demás. ¿Notaste la letra y? No puedes escoger según tus preferencias; tanto amar a Dios como a los demás son el centro de nuestra fe. El resultado de amar a Dios será que amarás a los demás. Y amar a los demás es la manera de demostrar que amas a Dios. Debemos ser cuidadosos de no enfatizar ninguna de estas dos devociones a costa de la otra.

En las siguientes semanas aprenderemos cómo vivir estos dos mandamientos para así poder impactar nuestras familias, iglesias, comunidades, y finalmente nuestra cultura. Mientras tanto, échale un vistazo a tu vida esta semana y pídele a Dios que te muestre qué tan bien estás viviendo tu amor. Si Él te muestra cambios que debes hacer, escríbelos y comienza a trabajar en ellos.

¿Qué significa amar a Dios? ¿Acaso la asistencia regular a la iglesia o el diezmar consistentemente son indicadores de cuánto amamos a Dios? ¿Qué desea realmente Él de nosotros? Esta semana encontraremos las respuestas a estas preguntas.

OBSERVA

Como vimos en la lección de la semana anterior, la pregunta sobre cuál es el mandamiento más grande era muy debatida entre los líderes religiosos de la época de Jesús. Muchos diferentes mandamientos eran defendidos como los más importantes.

Al comenzar esta lección, repasemos brevemente algo de lo que aprendimos la semana pasada a partir de la conversación de Jesús con el experto en la ley.

Mateo 22:37-38

37 Y El le contestó: "Amarás al SEÑOR tu Dios con todo tu corazón, y con toda tu alma, y con toda tu mente.

38 Este es el grande y primer mandamiento.

Líder: Lee Mateo 22:37-38 en voz alta. Pide al grupo que diga en voz alta y...

• *Marque* **Dios** *con un triángulo:* △
• *Dibuje un corazón sobre la palabra* **amarás:** ♡

DISCUTE

• ¿Qué aprendiste al marcar *amarás*?

• ¿A quién debemos amar?

• ¿Cómo debemos amar? ¿Qué aspectos de nuestra vida deben ser influenciados por este amor?

• ¿Qué dijo Jesús acerca de este mandamiento?

Éxodo 20:2-11

² "Yo soy el Señor tu Dios, que te saqué de la tierra de Egipto, de la casa de servidumbre (de la esclavitud).

³ "No tendrás otros ① dioses delante de Mí.

② ⁴ "No te harás ningún ídolo (imagen tallada), ni semejanza alguna de lo que está arriba en el cielo, ni abajo en la

OBSERVA

Jesús dijo que el mandamiento más grande era amar a Dios. Esta idea se refleja en la Ley, a la cual comúnmente llamamos los Diez Mandamientos.

Líder: Lee Éxodo 20:2-11 en voz alta. Pide al grupo que diga en voz alta y...

• *Enumere cada uno de* **los Diez Mandamientos** *en el texto. Los primeros dos han sido marcados como ejemplo.*

• *Dibuje un triángulo sobre cada referencia a* **Dios***, incluyendo sinónimos y pronombres.*

• *Marque la palabra* **amarás** *con un corazón.*

ACLARACIÓN

Los Diez Mandamientos son el centro de todas las leyes religiosas y civiles de Israel. Ellos establecen la base moral para una comunidad santa. Como observamos la semana pasada, los cuatro primeros se enfocan en la relación de Israel con Dios. Los otros seis tratan la relación entre las personas.

DISCUTE

• ¿Quién está hablando en estos versículos?

• Por lo tanto, ¿quién es el autor de la Ley? ¿Por qué es esto tan importante?

• ¿Qué dos cosas aprendiste acerca de Dios en el versículo 2?

tierra, ni en las aguas debajo de la tierra.

5 No los adorarás (No te inclinarás ante ellos) ni los servirás. Porque Yo, el SEÑOR tu Dios, soy Dios celoso, que castigo la iniquidad de los padres sobre los hijos hasta la tercera y cuarta generación de los que Me aborrecen,

6 y muestro misericordia a millares, a los que Me aman y guardan Mis mandamientos.

③
7 "No tomarás el nombre del SEÑOR tu Dios en vano, porque el Señor no tendrá por inocente al que tome Su nombre en vano.

8 "Acuérdate del día de reposo para santificarlo.

9 "Seis días trabajarás y harás toda tu obra,

10 pero el séptimo día es día de reposo para el SEÑOR tu Dios. No harás en él trabajo alguno, tú, ni tu hijo, ni tu hija, ni tu siervo, ni tu sierva, ni tu ganado, ni el extranjero que está contigo.

11 Porque en seis días hizo el SEÑOR los cielos y la tierra, el mar y todo lo que en ellos hay, y reposó en el séptimo día. Por tanto, el SEÑOR bendijo el día de reposo y lo santificó.

- Según el versículo 2, ¿cuál es la relación particular de Dios con este pueblo?

- Según el primer mandamiento, ¿qué o quién debe ser el objeto de nuestra adoración?

- Discute por qué el primer mandamiento es el fundamento del resto de los mandamientos.

- ¿Cuál es el segundo mandamiento?

- ¿Qué aprendiste acerca de Dios en los versículos 5 y 6?

- ¿Qué diferencia debería hacer este conocimiento en nuestro comportamiento?

- ¿Cuál es el tercer mandamiento?

ACLARACIÓN

La palabra hebrea traducida como *vano* significa literalmente "vacío y sin contenido; que no tiene valor, inútil". Por tanto tomar el nombre del Señor en vano sería tratar Su nombre como algo que no tiene valor.

- Este mandamiento se aplica no solamente al hablar del creyente sino también a su estilo de vida. Discute cómo se vería la obediencia a esto en la vida de un creyente.

- Cuando el nombre de Dios es usado de una manera irrespetuosa, ¿piensas que Él se da cuenta de ello?

- ¿Cómo te sientes cuando escuchas utilizar el nombre de Dios sin ningún cuidado ni respeto?

- ¿Cuál es el cuarto mandamiento?

- ¿Cómo debe guardarse el día de reposo?

- ¿Quién debe guardarlo, según el versículo 10?

- ¿Por qué es importante el día de reposo, según el versículo 11?

- Tomando todo esto en consideración, ¿cómo puede verse el amor a Dios? ¿Qué impacto práctico tendrá ese amor en tu vida diaria?

OBSERVA

En Mateo 22:37-38, cuando Jesús respondió las preguntas del experto en la ley, Él citó de la Shema, la confesión básica de fe del judaísmo. Veamos el pasaje de Deuteronomio al que Él se refirió.

Líder: Lee Deuteronomio 6:4-9 en voz alta. Pide al grupo que diga en voz alta y...

- *Dibuje un triángulo sobre cada referencia a **Dios**, incluyendo sinónimos y pronombres.*
- *Marque la palabra **amarás** con un corazón.*
- *Dibuje un rectángulo alrededor de la frase **estas palabras** y los pronombres **las** y **ellas**, que se refieren a las palabras.*

DISCUTE

- ¿Qué aprendiste en el versículo 4 acerca de Dios?

- ¿Qué requiere Dios de los israelitas, según el versículo 5?

Deuteronomio 6:4-9

4 "Escucha, oh Israel, el SEÑOR es nuestro Dios, el SEÑOR uno es.

5 Amarás al SEÑOR tu Dios con todo tu corazón, con toda tu alma y con toda tu fuerza.

6 Estas palabras que yo te mando hoy, estarán sobre tu corazón.

7 Las enseñarás diligentemente a tus hijos, y hablarás de ellas cuando te sientes en tu casa y cuando andes por el camino, cuando te acuestes y cuando te levantes.

8 Las atarás como una señal a tu mano, y serán

por insignias entre tus ojos.

[9] Las escribirás en los postes de tu casa y en tus puertas.

• ¿Qué aprendiste al marcar las referencias a las palabras? ¿De qué era responsable el pueblo de Dios en relación a Sus palabras?

ACLARACIÓN

El corazón, bíblicamente hablando, es el asiento de las emociones. El alma es el centro de la personalidad del hombre. Así que el amor por Dios debe permear la verdadera esencia del hombre.

Las palabras de Dios – no nuestras emociones, intelecto o necesidades físicas – deben ser nuestra guía para la vida.

• ¿Qué rol jugaban estas palabras en la vida diaria de una persona? ¿Era suficiente con simplemente memorizarlas? Explica tu respuesta.

- Pablo escribió en Romanos 15:4: "Todo lo que fue escrito en tiempos pasados, para nuestra enseñanza se escribió". ¿Qué te dice esto acerca de los versículos de Deuteronomio?

- Al considerar las palabras de Dios, meditar en ellas y enseñarlas a los demás, ¿cómo serían impactadas nuestras vidas?

- En términos prácticos, ¿qué significa amar a Dios con todo tu corazón, toda tu alma, todas tus fuerzas?

OBSERVA

Más adelante en Deuteronomio, encontramos de nuevo a Moisés llamando a Israel a comprometerse totalmente con el Señor.

Líder: Lee Deuteronomio 10:12-13 en voz alta. Pide al grupo que marque…

- *Cada referencia al Señor, incluyendo pronombres, con un triángulo.*
- *La palabra ames con un corazón.*

Deuteronomio 10:12-13

¹² "Y ahora, Israel, ¿qué requiere de ti el Señor tu Dios, sino que temas (reverencies) al Señor tu Dios, que andes en todos Sus caminos, que Lo ames y que sirvas al Señor tu Dios con todo tu

corazón y con toda tu alma,

[13] y que guardes los mandamientos del Señor y Sus estatutos que yo te ordeno hoy para tu bien?

ACLARACIÓN

A menudo, en el estudio bíblico, resulta útil volver a revisar las palabras que has marcado para notar qué dice el texto acerca de esas palabras. Esto te ayuda a entender lo que el texto está diciendo.

DISCUTE

- Haz una lista de las cinco cosas que el Señor requiere de Israel.

- Discute los requerimientos que anotaste arriba. ¿Qué significa cada uno? ¿Alguno de ellos se aplica a nosotros hoy en día y, si es así, cómo?

- De lo que viste en este pasaje, ¿cuál es la evidencia de que una persona teme y ama a Dios?

• ¿Qué razón es dada en el versículo 13 para estar totalmente comprometido en los caminos de Dios?

OBSERVA

Veamos a un hombre cuyo amor por Dios fue puesto a prueba. Después de esperar cerca de veinticinco años, Abraham finalmente tuvo en sus brazos al hijo que Dios le había prometido. Unos años después, él enfrentó la prueba más difícil de su vida, una prueba diseñada para probar su fe.

Líder: Lee Génesis 22:1-8 en voz alta. Pide al grupo que marque...
• *Cada referencia a **Abraham**, incluyendo pronombres, con una **A**.*
• *Cada mención a **Isaac**, incluyendo pronombres y sinónimos, con una **I**.*

DISCUTE

• ¿Qué instruyó Dios a Abraham que hiciera? ¿Cómo era esto una prueba de su fe? (Mira el cuadro de Aclaración en la página 28 si necesitas ayuda).

Génesis 22:1-8

¹ Aconteció que después de estas cosas, Dios probó a Abraham, y le dijo: "¡Abraham!" Y él respondió: "Aquí estoy."

² Y Dios dijo: "Toma ahora a tu hijo, tu único, a quien amas, a Isaac, y ve a la tierra de Moriah, y ofrécelo allí en holocausto sobre uno de los montes que Yo te diré."

³ Abraham se levantó muy de mañana, aparejó su asno y tomó con él a dos de sus criados y a su hijo Isaac. También

partió leña para el holocausto, y se levantó y fue al lugar que Dios le había dicho.

⁴ Al tercer día alzó Abraham los ojos y vio el lugar de lejos.

⁵ Entonces Abraham dijo a sus criados: "Quédense aquí con el asno. Yo y el muchacho iremos hasta allá, adoraremos y volveremos a ustedes."

⁶ Tomó Abraham la leña del holocausto y la puso sobre Isaac su hijo, y tomó en su mano el fuego y el cuchillo. Y los dos iban juntos.

⁷ Isaac habló a su padre Abraham: "Padre mío." Y él respondió: "Aquí

• ¿Cuál fue la respuesta de Abraham, según el versículo 3?

ACLARACIÓN

Dios había hecho un pacto con Abraham veinticinco años antes del nacimiento de Isaac, prometiéndole descendientes, tierra y una gran nación, y declarando que todas las familias de la tierra serían bendecidas a través de él. Isaac fue el hijo prometido del pacto. Fue a través de Isaac que todas estas cosas se cumplieron.

- ¿Qué revelaron las acciones de Abraham acerca de su relación con Dios?

estoy, hijo mío." "Aquí están el fuego y la leña," Isaac dijo, "pero ¿dónde está el cordero para el holocausto?"

[8] Y Abraham respondió: "Dios proveerá para sí el cordero para el holocausto, hijo mío." Y los dos iban juntos.

Génesis 22:9-14

OBSERVA

Continuemos con la historia.

Líder: Lee Génesis 22:9-14 en voz alta. Pide al grupo que marque...
- *Cada referencia a **Abraham**, incluyendo pronombres, con una A.*
- *Cada mención a **Isaac**, incluyendo pronombres y sinónimos, con una I.*

[9] Llegaron al lugar que Dios le había dicho y Abraham edificó allí el altar, arregló la leña, ató a su hijo Isaac y lo puso en el altar sobre la leña.

[10] Entonces Abraham extendió su mano y

tomó el cuchillo para sacrificar a su hijo.

[11] Pero el ángel del Señor lo llamó desde el cielo y dijo: "¡Abraham, Abraham!" Y él respondió: "Aquí estoy."

[12] Y el ángel dijo: "No extiendas tu mano contra el muchacho, ni le hagas nada. Porque ahora sé que temes (reverencias) a Dios, ya que no Me has rehusado tu hijo, tu único."

[13] Entonces Abraham alzó los ojos y miró, y vio un carnero detrás de él trabado por los cuernos en un matorral. Abraham fue, tomó el carnero y lo ofreció en holocausto en lugar de su hijo.

DISCUTE

• ¿Cómo se midió a Abraham en la prueba que le fue dada? ¿Qué probaron sus palabras y acciones?

• Teniendo en mente lo que viste en este pasaje y el cuadro de Aclaración, discute cómo demostró Abraham que amaba al Señor con todo su corazón y con toda su alma y con todas sus fuerzas.

- ¿Qué hay de ti? ¿Qué evidencia pueden ver los demás que declare lo mismo sobre ti?

[14] Y Abraham llamó aquel lugar con el nombre de El Señor Proveerá, como se dice hasta hoy: "En el monte del Señor se proveerá."

FINALIZANDO

La decisión de ser un seguidor de Cristo comienza con un profundo sentido de gratitud por lo que Dios ha hecho por nosotros en Cristo. Amar verdaderamente a Dios es comprometer tu vida entera a Él. El amor por Dios que hemos visto en esta lección no es un sentimiento cálido; es un amor expresado en acción – en servir y obedecer. Este amor involucra una rendición total que domina tus emociones, dirige tus pensamientos y determina tus acciones.

Una relación con Dios no se alcanza asistiendo a la iglesia o cumpliendo los rituales de la religión. Nuestro amor por Dios se expresa mejor a través de nuestra completa alianza y con todo nuestro corazón. Al estudiar la Palabra de Dios y aprender quién es Él y lo que ha hecho por nosotros, el resultado natural será amarlo con todo nuestro corazón, con toda nuestra mente, con todas nuestras fuerzas. Este tipo de amor penetrará de tal manera nuestro ser que nuestro estilo de vida y nuestra visión del mundo estarán total y radicalmente enfocados en Él. Y todos alrededor nuestro lo verán.

Amar es una palabra de acción. Mostramos nuestro amor por Dios al obedecer Sus palabras. ¿De qué otra forma podría ser medido nuestro amor por Dios? ¿Cómo te mides tú? ¿En qué maneras se evidencia en tu vida tu amor por Dios?

Hemos visto el más grande mandamiento y lo que realmente significa amar a Dios. Esta semana pondremos nuestra atención en el segundo más grande mandamiento y consideraremos lo que éste requiere de nosotros.

OBSERVA

Aunque a Él solo se le preguntó acerca del más grande mandamiento, Jesús quería que Sus discípulos supieran que amar a Dios no es el único requerimiento de una vida correcta.

Mateo 22:39

Y el segundo es semejante a éste: Amarás a tu prójimo como a ti mismo.

Líder: Lee Mateo 22:39 y Levítico 19:18. Pide al grupo que diga en voz alta y ...

- *Dibuje un corazón sobre la palabra* *amarás:* ♡
- *Marque cada vez que aparezca la palabra* *prójimo con una P.*

Levítico 19:18

No te vengarás, ni guardarás rencor a los hijos de tu pueblo, sino que amarás a tu prójimo como a ti mismo. Yo soy el Señor.

DISCUTE

- ¿Cuál es el segundo más grande mandamiento?

- ¿Qué aclaración adicional te da el pasaje de Levítico acerca de este mandamiento?

• Según Levítico 19:18, ¿cómo debemos amar al prójimo? ¿Cómo se ve eso?

Lucas 10:25-29

²⁵ Cierto intérprete de la ley (experto en la Ley de Moisés) se levantó, y para poner a prueba a Jesús dijo: "Maestro, ¿qué haré para heredar la vida eterna?"

²⁶ Y Jesús le dijo: "¿Qué está escrito en la Ley? ¿Qué lees en ella?"

²⁷ Respondiendo él, dijo: "Amarás al SEÑOR tu Dios con todo tu corazón, y con toda tu alma, y con toda tu fuerza, y con toda tu mente, y a tu prójimo como a ti mismo."

²⁸ Entonces Jesús le dijo: "Has respondido

OBSERVA

La pregunta lógica entonces es: "¿Quién es mi prójimo?" ¿Exactamente a quién debemos amar? Y esa es precisamente la pregunta que le hicieron a Jesús.

Líder: Lee Lucas 10:25-29 en voz alta. Pide al grupo que...

• *Dibuje un círculo alrededor de cada referencia al intérprete de la ley, incluyendo los pronombres.*
• *Marque cada referencia a Jesús, incluyendo pronombres y el sinónimo Maestro, con una cruz:* †
• *Marque cada vez que aparezca la palabra prójimo con una P.*

DISCUTE

• Discute lo que aprendiste al marcar las referencias al intérprete de la ley y a Jesús. Recuerda hacer las seis preguntas básicas – quién, qué, cómo, cuándo, dónde y por qué.

- El intérprete de la ley había dado la respuesta correcta a la pregunta de Jesús pero, ¿era suficiente el conocer la respuesta? ¿Qué punto recalcó Jesús en el versículo 28?

- Habiendo sentido la punzada del comentario de Jesús, en lugar de encarar el problema real, el intérprete de la ley sintió que debía justificarse. Él respondió como un experto en la ley, utilizando la táctica de debate de definir términos. ¿Qué término quería que se definiera?

OBSERVA

Jesús respondió la pregunta del intérprete de la ley relatando una parábola. A medida que leas Su historia, ten en mente que el camino desde Jerusalén a Jericó era notoriamente peligroso.

Líder: Lee Lucas 10:30-37. Pide al grupo que diga en voz alta y marque cada una de las siguientes palabras, incluyendo sus pronombres, de la siguiente manera:

- *Dibuje un rectángulo alrededor de cada referencia al **hombre**.*
- *Marque las referencias al **sacerdote** con una **S**.*
- *Marque las referencias al levita con una **L**.*
- *Marque las referencias al samaritano con **SM**.*

correctamente; haz esto y vivirás."

²⁹ Pero queriendo él justificarse a sí mismo, dijo a Jesús: "¿Y quién es mi prójimo?"

Lucas 10:30-37

³⁰ Jesús le respondió: "Cierto hombre bajaba de Jerusalén a Jericó, y cayó en manos de salteadores, los cuales después de despojarlo y de darle golpes, se fueron, dejándolo medio muerto.

³¹ Por casualidad cierto sacerdote bajaba por aquel camino, y cuando lo vio, pasó por el otro lado del camino.

³² Del mismo modo, también un Levita, cuando llegó al lugar y lo vio, pasó por el otro lado del camino.

³³ Pero cierto Samaritano, que iba de viaje, llegó adonde él estaba; y cuando lo vio, tuvo compasión.

³⁴ Acercándose, le vendó sus heridas, derramando aceite y vino sobre ellas; y poniéndolo sobre su propia cabalgadura, lo llevó a un mesón y lo cuidó.

³⁵ Al día siguiente, sacando dos denarios (salario de dos días) se los dio al mesonero, y dijo: 'Cuídelo, y todo lo demás que gaste, cuando yo regrese se lo pagaré.'

Líder: *Ahora, para asegurarse de que la clase siga la línea de pensamiento, lee este pasaje en voz alta sin detenerte a marcar.*

DISCUTE

- Discute los eventos en los versículos 30-32.

ACLARACIÓN

Los sacerdotes eran descendientes de Aarón, quien fue un levita, y ellos eran responsables de los sacrificios y ofrendas en el templo.

Los levitas eran descendientes de Leví pero no necesariamente de Aarón. Muchos de ellos asistían o servían a los sacerdotes.

En contraste a estos respetados líderes religiosos, los samaritanos eran vistos por los judíos como inferiores, incluso repulsivos, porque sus ancestros eran una mezcla de judíos y gentiles. Los judíos y los samaritanos eran enemigos.

- El versículo 33 comienza con la palabra *pero*, la cual muestra un contraste. ¿Con quién o qué se está contrastando al samaritano?

³⁶ ¿Cuál de estos tres piensas tú que demostró ser prójimo del que cayó en manos de los salteadores?"

- ¿Qué sabemos de la identidad del hombre que fue dejado en el camino? (Pista: estaba bajando desde Jerusalén).

³⁷ El intérprete de la ley respondió: "El que tuvo misericordia de él." "Ve y haz tú lo mismo," le dijo Jesús.

- ¿Quién lo ayudó?

- A partir de lo que lees en el cuadro de Aclaración, ¿por qué es significativo que el sacerdote y el levita ignoraran la necesidad del hombre? ¿Qué se destaca en el hombre que respondió a esta necesidad?

- Haz una lista de todo lo que el samaritano hizo por el hombre que encontró en el camino.

- Discute cómo se relacionan sus acciones con lo que Jesús identificó como el segundo más grande mandamiento en Mateo 22:39.

- Después de describir cómo respondieron tres personas diferentes al hombre necesitado, ¿qué le preguntó Jesús al intérprete de la ley?

- ¿Cómo respondió éste?

- ¿Qué le dijo entonces Jesús que debía hacer?

- De todo lo que has aprendido en este pasaje discute cómo la historia de Jesús responde a la pregunta, *¿Quién es mi prójimo?*

• ¿Qué sucede si la persona necesitada es de otra raza? ¿Filiación política? ¿Situación económica? ¿Si es un enemigo? ¿Cuál debe ser nuestra respuesta?

OBSERVA

Mateo 5:43-44

Jesús, en Su Sermón del Monte, explicó que Él es el cumplimiento de la Ley. Él entonces explicó la intención de la Ley de tal manera que Sus oyentes nunca la habían considerado.

[43] "Ustedes han oído que se dijo: 'Amarás a tu prójimo y odiarás a tu enemigo.'

Líder: Lee Mateo 5:43-44 en voz alta. Pide al grupo que…
• *Marque las palabras amarás y amen con un corazón.*
• *Dibuje un rectángulo alrededor de cada referencia a enemigos, incluyendo sinónimos.*

[44] Pero Yo les digo: amen a sus enemigos y oren por los que los persiguen.

DISCUTE

• De nuevo vemos la palabra *pero* en el versículo 44. Discute el contraste que se hace entre los versículos 43 y 44.

• ¿Qué aprendiste al marcar cada referencia a enemigos?

• Al amar a nuestro enemigo, ¿qué estarías demostrando? Explica tu respuesta.

Lucas 6:27-28

27 "Pero a ustedes los que oyen, les digo: amen a sus enemigos; hagan bien a los que los aborrecen;

28 bendigan a los que los maldicen; oren por los que los insultan.

OBSERVA

En este sermón Jesús enseñó que la verdadera justicia se revela al tratar a los demás con amor. Las acciones que Él describió no vienen naturalmente; requieren de capacitación sobrenatural, a través del poder del Espíritu Santo en la vida del creyente.

Líder: Lee Lucas 6:27-28 en voz alta. Pide al grupo que diga en voz alta y...
  • *Marque la palabra **amen** con un corazón.*
  • *Dibuje un rectángulo alrededor de cada referencia a **enemigos**, incluyendo sinónimos.*

ACLARACIÓN

La palabra griega para *amor* utilizada en este pasaje es *agapao*, que describe un amor incondicional. Este amor es una decisión, un acto de la voluntad. El amor *ágape* tiene en mente el mayor bien de la persona amada.

DISCUTE

- ¿A quién somos llamados a amar como creyentes en estos versículos?

- ¿Qué acciones específicas nos llevan a cumplir este amor? Haz una lista de las instrucciones dadas.

- Observa la lista que hiciste y discute cómo cada instrucción podría ponerse en práctica en la vida de un creyente.

- ¿Tienes enemigos? ¿Personas que parecen determinadas a hacerte la vida difícil? ¿Cómo lidias normalmente con ellos?

- ¿Cómo los tratarás en el futuro, a la luz de lo que has aprendido hasta ahora esta semana?

Hechos 7:54-60

⁵⁴ Al oír esto, se sintieron profundamente ofendidos, y crujían los dientes contra él.

⁵⁵ Pero Esteban, lleno del Espíritu Santo, fijos los ojos en el cielo, vio la gloria de Dios y a Jesús de pie a la diestra de Dios;

⁵⁶ y dijo: "Veo los cielos abiertos, y al Hijo del

OBSERVA

Esteban, un hombre justo en la iglesia primitiva, predicó un poderoso sermón a los líderes judíos, mostrando que a través de toda la historia el pueblo judío se había rebelado contra Dios. Ese sermón le costó la vida.

Líder: Lee Hechos 7:54-60 en voz alta. Pide al grupo que…
- *Encierre cada sinónimo, como **los testigos**, y cada pronombre, como **ellos**, que se refiera a **los líderes religiosos**.*
- *Marca cada referencia a **Esteban**, incluyendo pronombres, con una **E**.*

DISCUTE

- ¿Cómo respondieron los líderes religiosos al mensaje de Esteban?

- Mira de nuevo el versículo 60. ¿Por qué las palabras de Esteban son tan extraordinarias? ¿Qué estaba sucediendo cuando las dijo?

- Inmediatamente después que clamó al Señor, ¿qué sucedió?

ACLARACIÓN

En el Nuevo Testamento *durmió* es un eufemismo común para la muerte.

Hombre de pie a la diestra de Dios."

⁵⁷ Entonces ellos gritaron a gran voz, y tapándose los oídos se lanzaron a una contra él.

⁵⁸ Echándolo fuera de la ciudad, comenzaron a apedrearlo; y los testigos pusieron sus mantos a los pies de un joven llamado Saulo (Pablo).

⁵⁹ Y mientras lo apedreaban, Esteban invocaba al Señor y decía: "Señor Jesús, recibe mi espíritu."

⁶⁰ Cayendo de rodillas, clamó en alta voz: "Señor, no les tomes en cuenta este pecado." Habiendo dicho esto, durmió (expiró).

• ¿De qué manera las acciones de Esteban, a través de este pasaje, nos revelan tanto el amor a Dios y al prójimo?

Juan 15:17

Esto les mando: que se amen los unos a los otros.

OBSERVA

Veamos el versículo en que Jesús estaba hablando a los discípulos acerca de su relación unos con otros.

Líder: Lee Juan 15:17 en voz alta.
  • *Pide al grupo que diga en voz alta y marque la palabra **amen** con un corazón.*

DISCUTE

¿A quién dijo Jesús que sus discípulos debían amar?

FINALIZANDO

¿Notaste el orden de los mandamientos? Primero ama a Dios y luego a los demás. Somos llamados a ser la luz en la oscuridad, un pueblo que ofrece esperanza a un mundo perdido. ¿Qué hay en tu vida que demuestre que amas a Dios? ¿La asistencia a la iglesia? ¿Dar dinero? Querido amigo, es el amar a los demás.

Amar a los demás es difícil. Es un trabajo duro. El intérprete entendió las implicaciones de los dos mandamientos, por tanto quiso dejar de obedecer. Él pudo haber estado pensando: *Tan solo necesito cuidar el barrio en el que vivo*. Pero la respuesta de Jesús muestra que la verdadera pregunta es: *¿Me estoy comportando como un buen vecino?* No era nueva información lo que el intérprete necesitaba, sino un nuevo corazón. Tan solo cuando ama a Dios, el hombre se convierte en digno de amor.

Esteban, un hombre que amaba a Dios, un hombre lleno del Espíritu Santo, un hombre con un corazón nuevo, oró por las personas que lo estaban matando. ¡Eso es amor!

El amor también consiste en suplir necesidades. ¿Cómo le mostramos al mundo que amamos a Dios? Supliendo las necesidades de la gente alrededor nuestro. ¿Estás supliendo las necesidades en la vida de las personas que Dios trae a tu vida? ¿Estás amando a Dios, amando a tu prójimo?

Pídele a Dios que te muestre cómo suplir las necesidades de tu familia, tus compañeros de trabajo, incluso de tus vecinos. Luego sal y ama a tu prójimo como a ti mismo.

Muchos de nosotros no tenemos problema en sentir compasión por el no creyente que aún no ha recibido la gracia de Dios para cambiar su vida; pero rápidamente nos ofendemos con nuestros hermanos y hermanas cristianos y encontramos sumamente difícil dejar atrás nuestros desacuerdos con ellos.

Sabemos que debemos amar y orar por nuestros enemigos pero, ¿qué hay del cristiano que no adora de la manera en que lo hacemos nosotros o que no le gusta nuestra música o incluso que no se viste de la manera en que nosotros lo hacemos en la iglesia?

OBSERVA

El conocer realmente a Dios cambia nuestras vidas.

Líder: Lee 1 Juan 2:3-6 en voz alta. Pide al grupo que diga en voz alta y…

- *subraye cada vez que aparezca la frase __que Lo hemos llegado a conocer__.*
- *Dibuje un rectángulo alrededor de cada mención a **mandamientos** y **Su palabra**.*
- *Marque la palabra **amor** con un corazón:* ♡

DISCUTE

- ¿Cuál es la principal característica de alguien que conoce a Dios?

1 Juan 2:3-6

³ Y en esto sabemos que Lo hemos llegado a conocer: si guardamos Sus mandamientos.

⁴ El que dice: "Yo Lo he llegado a conocer," y no guarda Sus mandamientos, es un mentiroso y la verdad no está en él.

⁵ Pero el que guarda Su palabra, en él verdaderamente se ha perfeccionado el

amor de Dios. En esto sabemos que estamos en Él.

- ¿Enseña este pasaje que somos cristianos por guardar los mandamientos de Dios? Explica tu respuesta.

[6] El que dice que permanece en Él, debe andar como Él anduvo.

- Como se anotó anteriormente, en las Escrituras a menudo la palabra *pero* apunta a un contraste entre dos cosas. ¿Qué se está contrastando en los versículos 4 y 5, y qué aprendes de esta comparación?

- Según el versículo 6, ¿cuál debería ser el resultado natural de nuestra relación con Dios?

1 Juan 2:7-11

[7] Amados, no les escribo un mandamiento nuevo, sino un mandamiento antiguo, que han tenido desde el principio. El mandamiento antiguo es la palabra que han oído.

8 Por otra parte, les escribo un mandamiento

OBSERVA

En este siguiente pasaje, el apóstol Juan se refiere a los mismos mandamientos que Jesús identificó en Su respuesta a la pregunta del intérprete de la ley acerca del más grande mandamiento en Mateo 22.

Líder: Lee 1 Juan 2:7-11 en voz alta. Pide al grupo que...

- *Dibuje un rectángulo alrededor de la palabra **mandamiento**.*

- *Marque la palabra **aborrece** con un corazón tachado, como éste:* ♡
- *Dibuje un corazón sobre la palabra **ama**.*

DISCUTE
- ¿Qué aprendiste al marcar *mandamiento*?

- ¿A qué mandamiento se está refiriendo Juan? (Ten en mente lo que aprendiste en la Primera Semana).

ACLARACIÓN

Juan utiliza en este pasaje la palabra *hermano* para referirse a los hermanos creyentes. Una vez más, este amor es *ágape*; que es incondicional, y que tiene el bien del objeto amado en mente. No es un amor opcional; viene del deber, es un acto de la voluntad.

nuevo, el cual es verdadero en Él y en ustedes, porque las tinieblas van pasando, y la Luz verdadera (Jesucristo) ya está alumbrando.

[9] El que dice que está en la Luz y aborrece a su hermano, está aún en tinieblas.

[10] El que ama a su hermano, permanece en la Luz y no hay causa de tropiezo en él.

[11] Pero el que aborrece a su hermano, está en tinieblas y anda en tinieblas, y no sabe adónde va, porque las tinieblas han cegado sus ojos.

• ¿Qué aprendiste en estos versículos acerca de la persona que aborrece a su hermano?

• Según el versículo 9, ¿es suficiente con decir que amas a tus hermanos cristianos? ¿Es esto verdadero amor? Explica tu respuesta.

• ¿Qué aprendiste del versículo 10 acerca del que ama a su hermano?

• Si esto es verdad acerca de quien ama a su hermano, entonces ¿qué impacto tendría un creyente que no ama en quienes lo rodean?

• ¿Por qué es tan importante practicar el amor en nuestras interacciones con los hermanos cristianos?

OBSERVA

Jesús sentó un claro estándar de cómo Él espera que Sus discípulos se traten unos a otros.

Líder: *Lee Juan 13:34 y 15:12 en voz alta. Pide al grupo que diga en voz alta y...*
* *Dibuje un rectángulo alrededor de la palabra **mandamiento**.*
* *Marque las palabras **amen** y **amado** con un corazón.*

DISCUTE

* ¿Qué mandamientos dio Jesús en estos dos versículos?

* ¿Cuál debe ser el estándar de ese amor? En otras palabras, ¿quién es nuestro ejemplo acerca de cómo se ve el verdadero amor?

* ¿En qué maneras específicas demostró Jesús amor por los demás?

Juan 13:34

Un mandamiento nuevo les doy: 'que se amen los unos a los otros;' que como Yo los he amado, así también se amen los unos a los otros.

Juan 15:12

Este es Mi mandamiento: que se amen los unos a los otros, así como Yo los he amado.

Romanos 12:10, 16

[10] Sean afectuosos unos con otros con amor fraternal; con honra, dándose preferencia unos a otros.

[16] Tengan el mismo sentir unos con otros. No sean altivos en su pensar, sino condescendiendo con los humildes. No sean sabios en su propia opinión.

Romanos 14:13

Por tanto, ya no nos juzguemos los unos a los otros, sino más bien decidan esto: no poner obstáculo o piedra de tropiezo al hermano.

Romanos 15:7, 14

[7] Por tanto, acéptense los unos a los otros, como también Cristo nos aceptó para la gloria de Dios.

OBSERVA

El amor cristiano no es un sentimiento cálido que te viene cuando asistes a un culto de adoración; es algo práctico, con resultados claros en la vida real. Veamos juntos algunas declaraciones en que encontramos la frase "unos con otros"; las cuales nos revelan exactamente cómo debemos poner en práctica nuestro amor.

Líder: Lee los siguientes versículos en voz alta, desde Romanos 12:10, 16 hasta 1 Pedro 4:9.

- *Pide al grupo que diga en voz alta y subraye cada vez que aparezca la frase **unos con otros**.*

DISCUTE

- Discute cada versículo y cómo se aplican a la vida diaria de un creyente. Ten en mente preguntas como:

- ¿A quién se dirigen estos versículos?

- ¿Qué acciones específicas debemos tomar como creyentes?

- ¿Qué comportamientos específicos debemos evitar?

- ¿Por qué estas cosas son tan importantes?

- En la práctica, ¿cómo podemos manifestar estos comportamientos en relación con…

Nuestra familia?

Nuestra iglesia?

Nuestros vecinos?

[14] En cuanto a ustedes, hermanos míos, yo mismo estoy también convencido de que ustedes están llenos de bondad, llenos de todo conocimiento y capaces también de amonestarse los unos a los otros.

1 Tesalonicenses 5:11

Por tanto, confórtense (aliéntense) los unos a los otros, y edifíquense el uno al otro, tal como lo están haciendo.

Gálatas 6:2

Lleven los unos las cargas de los otros, y cumplan así la ley de Cristo.

1 Pedro 1:22

Puesto que en obediencia a la verdad ustedes han purificado sus almas para un amor sincero de hermanos, ámense unos a otros entrañablemente, de corazón puro.

1 Pedro 4:9

Sean hospitalarios los unos para con los otros, sin murmuraciones.

1 Juan 3:14

Nosotros sabemos que hemos pasado de muerte a vida porque amamos a los hermanos. El que no ama permanece en muerte.

Juan 13:35

En esto conocerán todos que son Mis discípulos, si se tienen amor los unos a los otros.

Nuestros compañeros de trabajo?

OBSERVA

Líder: Lee 1 Juan 3:14 y Juan 13:35 en voz alta.

- *Pide al grupo que diga en voz alta y marque con un corazón las palabras **amamos, ama y amor.***

DISCUTE

- ¿Qué aprendiste del amor en estos versículos?

- ¿Qué revela el amor – o la falta del mismo – por otros creyentes con respecto a esa persona?

- ¿Cuán importante es el amor en la vida de un creyente? Explica tu respuesta.

OBSERVA

Líder: *Lee 1 Tesalonicenses 4:9 en voz alta.*

- *Pide al grupo que diga en voz alta y marque las palabras **amor** y **amarse** con un corazón.*

DISCUTE

- ¿Cómo conoce un seguidor de Cristo su responsabilidad de amar a los demás creyentes?

- ¿Podría un creyente fingir ignorancia acerca de la importancia del amor? ¿Por qué sí o por qué no?

- A la luz del mandamiento de amarse unos a otros, ¿qué deberías hacer con respecto a quienes en tu vida te resultan difíciles de amar?

1 Tesalonicenses 4:9

Pero en cuanto al amor fraternal, no tienen necesidad de que nadie les escriba, porque ustedes mismos han sido enseñados por Dios a amarse unos a otros.

1 Corintios 13:3-8

³ Y si diera todos mis bienes para dar de comer a los pobres, y si entregara mi cuerpo para ser quemado, pero no tengo amor, de nada me aprovecha.

⁴ El amor es paciente, es bondadoso. El amor no tiene envidia; el amor no es jactancioso, no es arrogante.

⁵ No se porta indecorosamente; no busca lo suyo, no se irrita, no toma en cuenta el mal recibido.

⁶ El amor no se regocija de la injusticia, sino que se alegra con la verdad.

⁷ Todo lo sufre, todo lo cree, todo lo espera, todo lo soporta.

8 El amor nunca deja de ser.

OBSERVA

Al terminar esta lección, veamos una de las mejores descripciones del amor cristiano.

Líder: Lee 1 Corintios 13:3-8 en voz alta.

* *Pide al grupo que diga en voz alta y marque cada referencia al amor, incluyendo pronombres, con un corazón.*

DISCUTE

* ¿Qué aprendiste de la relación entre el amor y las buenas obras en el versículo 3? Explica tu respuesta.

* Busca cada lugar en que marcaste *amor*. Discute cada descripción y las maneras prácticas en que puede aplicarse en la vida de un creyente.

FINALIZANDO

El amor cristiano no es un sentimiento cálido que los creyentes tratan de "cultivar" para poder llevarse bien unos con otros. Es una cuestión de voluntad más que de *emoción*. Es una cuestión de determinación – o de decisión – de que dejarás que el amor de Dios llegue a los demás a través de ti, para luego actuar con ellos de manera amorosa. No debes actuar "como si" los amaras; actúas así *porque* los amas. Esto no es hipocresía; es obediencia a Dios.

Jesús no nos pide que hagamos algo que Él no haya hecho primero. Él demostró amor con la vida que Él mismo vivió. Él odió todo pecado y desobediencia, pero Él nunca odió a las personas que cometieron esos pecados. Incluso Sus advertencias de juicio siempre incluyeron una base de amor.

Piensa en el amor de Jesús por los doce discípulos. Ellos debieron haber roto Su corazón al pelear respecto a quién era el mayor entre ellos, o cuando trataban de impedir que la gente Lo viera. Cada uno era diferente a los demás, sin embargo Jesús amó a cada uno de manera personal y comprensiva. Él fue paciente con la impulsividad de Pedro e incluso con la incredulidad de Tomás. Cuando Jesús mandó a Sus discípulos a que se amaran unos a otros, Él les estaba diciendo que hicieran lo que Él ya había hecho. En efecto, Jesús les dijo a ellos – y a nosotros – "Yo viví cumpliendo este mandamiento, y Yo los puedo capacitar para seguir Mi ejemplo".

Es fácil practicar una cristiandad de palabras – cantar las canciones correctas, utilizar el vocabulario adecuado, orar las oraciones debidas –

y sin embargo engañarnos a nosotros mismos respecto a que estamos agradando a Dios.

Pero nosotros te desafiamos a que te preguntes, *¿cómo respondo cuando un hermano o hermana en Cristo no cumple el estándar que espero?* ¡Esta es la verdadera prueba para el creyente!

¿Dices que eres cristiano? ¡Pruébalo! Deja que el mundo vea que amas a la gente alrededor tuyo de manera real y práctica.

OBSERVA

Líder: Lee 1 Juan 3:1-3 en voz alta. Pide al grupo que diga en voz alta y...

- *Dibuje un corazón sobre la palabra **amor**:*

  ♡

- *Encierre en un círculo cada palabra o frase que se refiere a **los hijos de Dios**; incluyendo pronombres, inferencias verbales y sinónimos como **nos**, **seamos** y **amados**.*

DISCUTE

- ¿Qué aprendiste de los creyentes en este pasaje? (Pista: Busca los lugares donde encerraste una palabra o frase).

ACLARACIÓN

El amor de Dios por nosotros es único. ¡Cuando aún éramos Sus enemigos Dios nos amó y envió a Su Hijo para morir por nosotros! Nuestra salvación comenzó con el amor de Dios.

1 Juan 3:1-3

[1] Miren cuán gran amor nos ha otorgado el Padre: que seamos llamados hijos de Dios. Y eso somos. Por esto el mundo no nos conoce, porque no Lo conoció a Él.

[2] Amados, ahora somos hijos de Dios y aún no se ha manifestado lo que habremos de ser. Pero sabemos que cuando Cristo se manifieste, seremos semejantes a Él, porque Lo veremos como Él es.

[3] Y todo el que tiene esta esperanza puesta en Él, se purifica, así como Él es puro.

• Según el versículo 3, ¿qué harán los que han puesto su esperanza en Cristo?

1 Juan 3:4-10

⁴ Todo el que practica el pecado, practica también la infracción de la ley, pues el pecado es infracción de la ley.

⁵ Ustedes saben que Cristo se manifestó a fin de quitar los pecados, y en Él no hay pecado.

⁶ Todo el que permanece en Él, no peca. Todo el que peca, ni Lo ha visto ni Lo ha conocido.

⁷ Hijos míos, que nadie los engañe. El que practica la justicia es justo, así como Él es justo.

OBSERVA

A continuación veamos un pasaje en el que Juan enfatizó algunas bases del cristianismo para contrarrestar los falsos maestros que intentaban pervertir los fundamentos de la fe.

Líder: Lee 1 Juan 3:4-10 en voz alta. Pide al grupo que…
• *Dibuje una **X** sobre cada referencia a **pecado(s)**.*
• *Marque las palabras **justo** y **justicia** con una **J**.*
• *Dibuje un corazón sobre la palabra **ama**.*

DISCUTE
• ¿Qué aprendiste al marcar *pecado(s)* en estos versículos?

- A partir de todo lo que has visto en estos versículos, ¿cuál es la señal del verdadero creyente? ¿Cuál es la característica distintiva de su estilo de vida?

ACLARACIÓN

La palabra *practica* conlleva la idea de una acción habitual, no sucesos aislados.

- ¿Qué aprendiste de aquel que no ama a su hermano?

- ¿Cuáles son los dos tipos de hijos que existen en el mundo?

- ¿Qué distingue a estas dos "familias" entre sí?

- ¿Sus características son difíciles de detectar?

[8] El que practica el pecado es del diablo, porque el diablo ha pecado desde el principio. El Hijo de Dios se manifestó con este propósito: para destruir las obras del diablo.

[9] Ninguno que es nacido (engendrado) de Dios practica el pecado, porque la simiente de Dios permanece en él. No puede pecar, porque es nacido de Dios.

[10] En esto se reconocen los hijos de Dios y los hijos del diablo: todo aquél que no practica la justicia, no es de Dios; tampoco aquél que no ama a su hermano.

1 Juan 3:11-18

¹¹ Porque éste es el mensaje que ustedes han oído desde el principio: que nos amemos unos a otros.

¹² No como Caín que era del maligno, y mató a su hermano. ¿Y por qué causa lo mató? Porque sus obras eran malas, y las de su hermano justas.

¹³ Hermanos, no se maravillen si el mundo los odia.

¹⁴ Nosotros sabemos que hemos pasado de muerte a vida porque amamos a los hermanos. El que no ama permanece en muerte.

OBSERVA

Líder: Lee 1 Juan 3:11-18 en voz alta. Pide al grupo que…
- *Dibuje un corazón sobre la palabra **ama** y sus variaciones.*
- *Marque **odia** y **aborrece** con un corazón tachado como éste:*

DISCUTE
- ¿Cuál es el mensaje "oído desde el principio"?

- ¿Qué ejemplo utilizó Juan para ayudar a sus lectores a entender completamente el mensaje? ¿Qué relevancia específica tiene esa historia para nosotros hoy en día?

- Continuemos viendo el contraste entre los hijos de Dios y del diablo. Discute lo que has aprendido acerca del carácter de cada grupo y cómo se distingue cada uno.

- ¿Qué palabras utilizó Juan para resumir el carácter de estos grupos?

- Veamos la aplicación práctica. Según los versículos 16 y 17, ¿cómo se demuestra este amor? Discute maneras en que puedes tomar estas verdades y aplicarlas a tu vida diaria.

- ¿Qué se está contrastando en el versículo 18?

- Discute cómo podría afectar esta distinción nuestras decisiones diarias.

OBSERVA

El siguiente es un ejemplo de lo que Juan describió en el pasaje anterior como amar a alguien "de palabra y de lengua".

[15] Todo el que aborrece a su hermano es un asesino, y ustedes saben que ningún asesino tiene vida eterna permanente en él.

[16] En esto conocemos el amor: en que Él puso Su vida por nosotros. También nosotros debemos poner nuestras vidas por los hermanos.

[17] Pero el que tiene bienes de este mundo, y ve a su hermano en necesidad y cierra su corazón contra él, ¿cómo puede morar el amor de Dios en él?

[18] Hijos, no amemos de palabra ni de lengua, sino de hecho y en verdad.

Santiago 2:15-16

¹⁵ Si un hermano o una hermana no tienen ropa y carecen del sustento diario,

¹⁶ y uno de ustedes les dice: "Vayan en paz, caliéntense y sáciense," pero no les dan lo necesario para su cuerpo, ¿de qué sirve?

Líder: Lee Santiago 2:15-16 en voz alta. Pide al grupo que...

- *Subraye cada referencia a un **hermano** o una **hermana**, incluyendo los pronombres **les** y **su**.*
- *Encierre cada vez que aparezca la palabra ⬭ustedes⬭.*

DISCUTE

- ¿Según este ejemplo, qué significa amar solo de palabra?

- Contrasta lo anterior con lo que significa amar de hecho y en verdad.

ACLARACIÓN

Amar *de palabra o de lengua* significa un amor hipócrita. Esto es lo opuesto de amar *en verdad*, que significa amar genuinamente a una persona desde el corazón. En otras palabras, el simplemente decir "te amo" no lo hace una realidad. El amor auténtico lo conduce a uno a la acción.

OBSERVA

La gente sabe cuando los demás no son sinceros, y se siente atraída por el amor genuino. Jesús no solo fue el perfecto ejemplo de esto, sino que nos llama a ir más allá de nuestra habitual y cómoda zona social para amar a quienes podrían ser vistos como extraños.

Líder: Lee Mateo 9:9-13 y Lucas 15:1-2 en voz alta. Pide al grupo que diga en voz alta y...
- *Marque cada referencia a **Jesús**, incluyendo pronombres y sinónimos como su **Maestro** y **Este**, con una cruz:* †
- *Dibuje una **F** cada vez que se mencionen **los fariseos**, incluyendo pronombres.*

DISCUTE

- ¿Quién venía a Jesús y por qué?

- ¿Estas personas eran gente que tu esperarías que estuviera junto a Jesús? ¿Por qué piensas que estaban allí? Explica tu respuesta.

Mateo 9:9-13

⁹ Cuando Jesús se fue de allí, vio a un hombre llamado Mateo, sentado en la oficina de los tributos, y le dijo: "¡Ven tras Mí!" Y levantándose, Lo siguió.

¹⁰ Y estando Él sentado a la mesa en la casa, muchos recaudadores de impuestos y pecadores llegaron y se sentaron a la mesa con Jesús y Sus discípulos.

¹¹ Cuando los Fariseos vieron esto, dijeron a Sus discípulos: "¿Por qué come su Maestro con los recaudadores de impuestos y pecadores?"

¹² Al oír Jesús esto, dijo: "Los que están sanos no tienen necesidad de

médico, sino los que están enfermos.

[13] Pero vayan, y aprendan lo que significa: 'Misericordia quiero y no sacrificio'; porque no he venido a llamar a justos, sino a pecadores."

Lucas 15:1-2

[1] Todos los recaudadores de impuestos y los pecadores se acercaban para oír a Jesús.

[2] Y los Fariseos y los escribas murmuraban: "Este recibe a los pecadores y come con ellos".

• Recuerda que vimos en una lección anterior que, aunque los fariseos y los escribas hacían todo lo correcto, no estaban haciéndolo desde el corazón. ¿Cómo reaccionaron ante la elección de compañía de Jesús?

• ¿Qué revelan los comentarios de los fariseos y escribas acerca de ellos?

• ¿Cómo se relaciona esto con lo que ya hemos visto en esta lección?

• ¿Qué podría costarte practicar el tipo de amor que Jesús demostró en estos pasajes?

• Discute algunos escenarios donde podría costarle mucho a un creyente amar individuos que los demás han declarado como inaceptables o indignos.

OBSERVA

Líder: Lee 1 Juan 3:23-24 en voz alta. Pide al grupo que…

- *Dibuje un rectángulo alrededor de las palabras **mandamiento(s) y mandado**.*
- *Dibuje una línea ondulada bajo la palabra **permanece**, como ésta:* 〜〜〜

DISCUTE

- ¿Qué nos manda Dios a hacer?

- ¿Qué aprendiste acerca del que guarda los mandamientos de Dios? ¿Qué prueba esto?

1 Juan 3:23-24

[23] Y éste es Su mandamiento: que creamos en el nombre de Su Hijo Jesucristo, y que nos amemos unos a otros como Él nos ha mandado.

[24] El que guarda Sus mandamientos permanece en Él y Dios en él. Y en esto sabemos que Él permanece en nosotros: por el Espíritu que nos ha dado.

FINALIZANDO

Juan se preocupó por que los cristianos supieran cómo distinguir los verdaderos creyentes de los falsos. Él presentó pruebas a lo largo de su carta para ayudar a determinar si cuando alguien declara ser creyente es realmente genuino o no. Él llegó incluso a decir que los hijos de Dios y los hijos del diablo son muy obvios; identificables por las diferencias en cómo se comportan y cómo aman (1 Juan 3:10).

El amor no define a Dios, pero Dios define al amor. Como creyentes, el Espíritu Santo de Dios mora en nosotros; por tanto, deberíamos ser la expresión del amor de Dios. No es suficiente decir a los demás "te amo"; debemos demostrarlo al suplir sus necesidades. Hubiera sido algo terrible que Dios simplemente hubiese declarado que Él ama al mundo y no hubiese enviado a Su Hijo a morir en la cruz. O si Él dijera que nos perdona pero luego se rehusase a tener algo que ver con nosotros.

No solamente digas que amas a alguien; ¡pruébalo! Amar a los demás con el amor de Dios a menudo implica un sacrificio de tiempo, emociones, posesiones y más. Pero a la luz del sacrificio que Dios hizo por nosotros al enviar a Su Hijo, nuestra decisión de amar a los demás demuestra nuestra gratitud hacia Él, y será un sacrificio que grandemente valdrá la pena hacer.

¿Sabías que la relación de un creyente con los demás creyentes no puede estar separada de su vida de oración? Si los esposos y esposas no están obedeciendo la Palabra de Dios, por ejemplo, sus oraciones serán estorbadas (1 Pedro 3:7). El amor es el cumplimiento de la Ley (Romanos 13:8-10); por tanto, cuando amas a tus hermanos, estás obedeciendo los mandamientos de Dios; estás viviendo en Su voluntad donde Él responde a tus peticiones (1 Juan 3:22). Si pareciera que Dios está ignorando tus oraciones, tal vez deberías hacer un inventario de tus relaciones y ver si hay alguien a quien no estás amando.

¿Cómo estás amando a las personas alrededor tuyo – incluyendo a las que te hacen sentir incómodo?

SEXTA SEMANA

Los dos más grandes mandamientos, amar a Dios y amar a los demás, resumen toda la Ley y los Profetas. Hemos visto lo que significan estos mandamientos y cómo se aplican a nuestra vida diaria. Pero antes de poder vivirlos, hay una verdad absoluta – una verdad *vital* – que debemos entender.

OBSERVA

Hemos hablado bastante del amor, pero para realmente entender el amor necesitamos comenzar con Dios. Veamos dos pasajes que explican por qué.

En el primer pasaje Jesús está hablando con Nicodemo, un fariseo, un líder religioso en Israel.

Líder: Lee Juan 3:16 y 1 Juan 4:9-10. Pide al grupo que diga en voz alta y...

- *Marque cada referencia a Dios, incluyendo pronombres, con un triángulo:* △
- *Dibuje un corazón sobre las palabras amó, amor y amado:* ♡

DISCUTE

- ¿A quién amó Dios? ¿Quién está incluido ahí?

Juan 3:16

Porque de tal manera amó Dios al mundo, que dio a Su Hijo unigénito (único), para que todo aquél que cree en Él, no se pierda, sino que tenga vida eterna.

1 Juan 4:9-10

9 En esto se manifestó el amor de Dios en nosotros: en que Dios ha enviado a Su Hijo unigénito (único) al mundo para que vivamos por medio de Él.

10 En esto consiste el amor: no en que nosotros

hayamos amado a Dios, sino en que Él nos amó a nosotros y envió a Su Hijo como propiciación por nuestros pecados.

• ¿Cómo demostró Su amor y por qué?

ACLARACIÓN

La palabra griega para *amor* aquí es *ágape*. Como has visto en lecciones anteriores, es un amor incondicional que primero tiene en mente el bien de la otra persona. Más adelante veremos esta palabra utilizada en 1 Juan 4 para describir a Dios.

Romanos 3:23

por cuanto todos pecaron y no alcanzan la gloria de Dios.

OBSERVA

Líder: Lee Romanos 3:23 y 6:23.

• *Pide al grupo que diga en voz alta y dibuje una X sobre* **pecaron** *y* **pecado**.

Romanos 6:23

Porque la paga del pecado es muerte, pero la dádiva de Dios es vida eterna en Cristo Jesús Señor nuestro.

ACLARACIÓN

La palabra *pecado* utilizada en estos versículos lleva la idea de no alcanzar el estándar. Un estándar de justicia fue establecido por Dios, pero no vivimos de acuerdo a ese estándar. Pecamos.

DISCUTE

* ¿Qué aprendiste al marcar *pecado* en estos dos versículos?

* ¿Hubo un punto en tu vida cuando admitiste que has hecho cosas malas? ¿Has admitido alguna vez que no alcanzaste el estándar de la justicia de Dios?

* ¿Cuál es la penalidad por no ajustarse al estándar de Dios?

* ¿Qué penalidad has ganado personalmente por pecar contra Dios?

* ¿Cuál es el regalo de Dios?

• ¿Si es un regalo, qué puedes hacer para ganarlo?

• Aunque no puedes ganarlo, te corresponde estirar tu mano y recibirlo. Si no eres un creyente, la manera de hacerlo es pidiéndole a Dios que te perdone y que te haga Su hijo.

1 Pedro 2:24

El mismo llevó (cargó) nuestros pecados en Su cuerpo sobre la cruz, a fin de que muramos al pecado y vivamos a la justicia, porque por Sus heridas fueron ustedes sanados.

OBSERVA

El apóstol Pedro describió el precio que pagó Jesús para demostrarnos Su amor.

Líder: Lee 1 Pedro 2:24.
  • *Pide al grupo que diga en voz alta y encierre en un círculo los pronombres que se refieren a los que son **amados por Dios**: **nuestros** y **ustedes**.*

DISCUTE
  • ¿Qué aprendiste en este pasaje acerca de todos nosotros?

• ¿Exactamente qué hizo Jesús por nosotros?

OBSERVA

Romanos 5:8

Líder: Lee Romanos 5:8. Pide al grupo que…
- *Marque cada referencia a **Dios**, incluyendo pronombres, con un triángulo.*
- *Dibuje un corazón sobre la palabra **amor**.*

Pero Dios demuestra su amor para con nosotros, en que siendo aún pecadores, Cristo murió por nosotros.

DISCUTE

• ¿Cómo demostró Dios que nos ama y cuándo hizo eso?

• ¿Cuál era nuestra condición cuando Dios mostró Su amor por nosotros?

• ¿Por qué Cristo tuvo que morir?

Romanos 10:9-10,13

⁹ que si confiesas con tu boca a Jesús por Señor, y crees en tu corazón que Dios Lo resucitó de entre los muertos, serás salvo.

¹⁰ Porque con el corazón se cree para justicia, y con la boca se confiesa para salvación.

¹³ porque: "Todo aquel que invoque el nombre del Señor será salvo."

OBSERVA

Líder: *Lee Romanos 10:9-10 y 13. Pide al grupo que diga en voz alta y...*

- *Marque cada referencia a **Jesús**, incluyendo pronombres, con una cruz:* ✝
- *Dibuje una **S** sobre las palabras **salvo** y **salvación**.*

ACLARACIÓN

Las palabras *salvo* y *salvación* en la Biblia significan "ser salvo de la penalidad del pecado, o la muerte, y ser salvo de estar separado de Dios por toda la eternidad".

DISCUTE

- ¿Qué se requiere para la salvación, según estos versículos?

- ¿Cuál será el resultado si crees en tu corazón y confiesas que Jesús es el Señor?

- Si Jesús es el Señor, o Dios, ¿cómo afectará tu vida esta realidad?

- ¿Qué nos salva? ¿La religión? ¿La membresía a la iglesia? ¿Ser buenos? Explica tu respuesta.

OBSERVA

Líder: Lee Mateo 16:24-25.

- *Pide al grupo que encierre en un círculo las palabras **alguien**, **sí mismo**, **su** y **el**, que se refieren a **los que siguen a Cristo**.*

DISCUTE

- ¿Qué implica seguir a Jesús? En otras palabras, ¿cuál es el costo para alguien que sigue a Jesús?

Mateo 16:24-25

[24] Entonces Jesús dijo a Sus discípulos: "Si alguien quiere venir en pos de Mí, niéguese a sí mismo, tome su cruz y que Me siga.

[25] Porque el que quiera salvar su vida (su alma), la perderá; pero el que pierda su vida (su alma) por causa de Mí, la hallará.

• De lo que has visto hasta el momento, si perdemos nuestra vida para seguir a Cristo, ¿quién tendrá el control desde ese punto en adelante?

1 Juan 4:7-14

⁷ Amados, amémonos unos a otros, porque el amor es de Dios, y todo el que ama es nacido de Dios y conoce a Dios.

⁸ El que no ama no conoce a Dios, porque Dios es amor.

⁹ En esto se manifestó el amor de Dios en nosotros: en que Dios ha enviado a Su Hijo unigénito al mundo para que vivamos por medio de Él.

¹⁰ En esto consiste el amor: no en que nosotros hayamos

OBSERVA

¿Cuál es el resultado de seguir a Cristo, de rendir nuestra vida a Él? ¿Cuál es una de las características que definen esta nueva vida? Veamos juntos la respuesta.

Líder: Lee 1 Juan 4:7-14.
  • *Pide al grupo que dibuje un corazón sobre la palabra amor y sus variantes.*

Líder: Lee el pasaje de nuevo.
  • *Esta vez pide al grupo que marque cada referencia a Dios, incluyendo sinónimos y pronombres, con un triángulo.*

DISCUTE

• Según los versículos 7 y 10, ¿de dónde se origina el amor?

- Discute lo que has aprendido acerca del amor en estos versículos.

amado a Dios, sino en que Él nos amó a nosotros y envió a Su Hijo como propiciación por nuestros pecados.

- ¿Este amor es activo o pasivo? Explica tu respuesta.

[11] Amados, si Dios así nos amó, también nosotros debemos amarnos unos a otros.

- Al entender lo que Dios hizo por nosotros, ¿cómo deberíamos responder a los demás? ¿Por qué?

[12] A Dios nunca Lo ha visto nadie. Si nos amamos unos a otros, Dios permanece en nosotros y Su amor se perfecciona en nosotros.

- ¿Cuál es entonces la marca del creyente?

[13] En esto sabemos que permanecemos en Él y Él en nosotros: en que nos ha dado de Su Espíritu.

- Ya que la gente no puede ver a Dios, ¿por qué es tan importante que los creyentes les demuestren amor?

[14] Y nosotros hemos visto y damos testimonio de que el Padre envió al Hijo para ser el Salvador del mundo.

Apocalipsis 3:20

Yo estoy a la puerta y llamo; si alguien oye Mi voz y abre la puerta, entraré a él, y cenaré con él y él conmigo.

OBSERVA

Líder: Lee Apocalipsis 3:20. Pide al grupo que...

- *Marque cada pronombre que se refiere a Jesús con una cruz.*
- *Encierre en un círculo alguien y los pronombres que se refieren a esta persona.*

DISCUTE

- ¿Qué aprendiste al marcar *Jesús*?

- ¿Qué quiere Él de ti?

- ¿Está Jesús llamando a la puerta de tu corazón?

• ¿Crees en Él? ¿Quieres pedirle que venga por fe a tu corazón y more allí? ¿Quieres hacerlo ahora?

FINALIZANDO

Has visto que el más grande mandamiento es amar a Dios y el segundo amar a los demás. Pero nunca podrás cumplir ninguno de estos dos mandamientos a menos que seas un cristiano, alguien que ha rendido su vida a Dios. Cuando escoges darle el control a Él, Dios cambia tu corazón y te da el poder para ser un amante de Dios y de los demás.

Si quieres ser un cristiano, hay dos cosas más que queremos decirte antes de que tomes esa decisión.

Primero, el Cristianismo auténtico no es una religión, es una actitud de rendición. Para ser un cristiano hay que rendir tu vida a Dios. Toda tu vida, cada aspecto de ella, debe estar bajo la autoridad de Dios. En otras palabras, renuncias al derecho de estar a cargo de tu propia vida.

Segundo, no hay garantía en las Escrituras de que tu vida será tranquila, simple y sin dolor una vez que te conviertas en un cristiano. De hecho, muchas veces sucede lo opuesto. Los cristianos sufren y enfrentan pruebas como todos los demás en este mundo. Nosotros no estamos exentos. Sin embargo, como cristianos sí tenemos una ventaja: Dios mismo camina con nosotros a través de las pruebas y dificultades de esta vida. Él incluso nos ha prometido que nunca nos dejará.

Si quieres ser cristiano, entonces habla con Dios. Pídele que te perdone por las cosas que has hecho mal. Al orar pídele que te salve de la penalidad que sabes que mereces. Rinde tu vida a Él, y pídele que te llene de Su presencia.

¡Hazlo hoy, hazlo ahora! Él está a la puerta y llama…. ¡déjalo entrar!

Líder: *Puedes guiar a los que quieran ser cristianos con esta oración.*

Padre, me doy cuenta de que he hecho cosas que están muy mal, cosas que han causado que no alcance Tu estándar de justicia. ¿Me perdonas? ¿Pagarás con el precio que Jesús pagó en la cruz por la pena que yo debo? Rindo mi vida completamente a Ti. Tú serás el que esté en control de mi vida desde ahora en adelante. Lléname de Tu presencia. Gracias por salvarme.

Si acabas de hacer esta oración, es muy importante que se lo digas a alguien, como a tu líder de grupo pequeño. Necesitas decir en voz alta que acabas de tomar esta decisión. Ellos te ayudarán en este nuevo camino.

¡Bienvenido a la familia! ¡Gloria a Dios!

———————

Así como Dios nos ha amado, como cristianos también debemos amar a la gente que Él ha puesto en nuestra vida. Amar a Dios y a los demás debería definir nuestra vida entera. La iglesia reposa sobre estos dos mandamientos.

Sal hoy mismo y deja que tu luz – tu amor – brille ante los hombres para que vean sus buenas obras y glorifiquen a su Padre que está en los cielos (Mateo 5:16).

Esta singular serie de estudios bíblicos del equipo de enseñanza de Ministerios Precepto Internacional, aborda temas con los que luchan las mentes investigadoras; y lo hace en breves lecciones muy fáciles de entender e ideales para reuniones de grupos pequeños. Estos cursos de estudio bíblico, de la serie 40 minutos, pueden realizarse siguiendo cualquier orden. Sin embargo, a continuación te mostramos una posible secuencia a seguir:

¿Cómo Sabes que Dios es Tu Padre?

Muchos dicen: "Soy cristiano"; pero, ¿cómo pueden saber si Dios realmente es su Padre—y si el cielo será su futuro hogar? La epístola de 1 Juan fue escrita con este propósito—que tú puedas saber si realmente tienes la vida eterna. Éste es un esclarecedor estudio que te sacará de la oscuridad y abrirá tu entendimiento hacia esta importante verdad bíblica.

Cómo Tener una Relación Genuina con Dios

A quienes tengan el deseo de conocer a Dios y relacionarse con Él de forma significativa, Ministerios Precepto abre la Biblia para mostrarles el camino a la salvación. Por medio de un profundo análisis de ciertos pasajes bíblicos cruciales, este esclarecedor estudio se enfoca en dónde nos encontramos con respecto a Dios, cómo es que el pecado evita que lo conozcamos y cómo Cristo puso un puente sobre aquel abismo que existe entre los hombres y su SEÑOR.

Ser un Discípulo: Considerando Su Verdadero Costo

Jesús llamó a Sus seguidores a ser discípulos. Pero el discipulado viene con un costo y un compromiso incluido. Este estudio da una mirada inductiva a cómo la Biblia describe al discípulo, establece las características de un seguidor de Cristo e invita a los estudiantes a aceptar Su desafío, para luego disfrutar de las eternas bendiciones del discipulado.

¿Vives lo que Dices?

Este estudio inductivo de Efesios 4 y 5, está diseñado para ayudar a los estudiantes a que vean por sí mismos, lo que Dios dice respecto al estilo de vida de un verdadero creyente en Cristo. Este estudio los capacitará para vivir de una manera digna de su llamamiento; con la meta final de desarrollar un andar diario con Dios, caracterizado por la madurez, la semejanza a Cristo y la paz.

Viviendo Una Vida de Verdadera Adoración

La adoración es uno de los temas del cristianismo peor entendidos; este estudio explora lo que la Biblia dice acerca de la adoración: ¿qué es? ¿Cuándo sucede? ¿Dónde ocurre? ¿Se basa en las emociones? ¿Se limita solamente a los domingos en la iglesia? ¿Impacta la forma en que sirves al SEÑOR? Para éstas y más preguntas, este estudio nos ofrece respuestas bíblicas novedosas.

Descubriendo lo que Nos Espera en el Futuro

Con todo lo que está ocurriendo en el mundo, las personas no pueden evitar cuestionarse respecto a lo que nos espera en el futuro. ¿Habrá paz alguna vez en la tierra? ¿Cuánto tiempo vivirá el mundo bajo la amenaza del terrorismo? ¿Hay un horizonte con un solo gobernante mundial? Esta fácil guía de estudio conduce a los lectores a través del importante libro de Daniel; libro en el que se establece el plan de Dios para el futuro.

Cómo Tomar Decisiones Que No Lamentarás

Cada día nos enfrentamos a innumerables decisiones y algunas de ellas pueden cambiar el curso de nuestras vidas para siempre. Entonces, ¿a dónde acudes en busca de dirección? ¿Qué debemos hacer cuando nos enfrentamos a una tentación? Este breve estudio te brindará una práctica y valiosa guía, al explorar el papel que tiene la Escritura y el Espíritu Santo en nuestra toma de decisiones.

Dinero y Posesiones: La Búsqueda del Contentamiento

Nuestra actitud hacia el dinero y las posesiones reflejará la calidad de nuestra relación con Dios. Y, de acuerdo con las Escrituras, nuestra visión del dinero nos muestra dónde está descansando nuestro verdadero amor. En este estudio, los lectores escudriñarán las Escrituras para aprender de dónde proviene el dinero, cómo se supone que debemos manejarlo y cómo vivir una vida abundante, sin importar su actual situación financiera.

Cómo puede un Hombre Controlar Sus Pensamientos, Deseos y Pasiones

Este estudio capacita a los hombres con la poderosa verdad de que Dios ha provisto todo lo necesario para resistir la tentación; y lo hace, a través de ejemplos de hombres en las Escrituras, algunos de los cuales cayeron en pecado y otros que se mantuvieron firmes. Aprende cómo escoger el camino de pureza, para tener la plena confianza de que, a través del poder del Espíritu Santo y la Palabra de Dios, podrás estar algún día puro e irreprensible delante de Dios.

Viviendo Victoriosamente en Tiempos de Dificultad

Vivimos en un mundo decadente, poblado por gente sin rumbo y no podemos escaparnos de la adversidad y el dolor. Sin embargo, y por alguna razón, los difíciles tiempos que se viven actualmente son parte del plan de Dios y sirven para Sus propósitos. Este valioso estudio ayuda a los lectores a descubrir cómo glorificar a Dios en medio del dolor; al tiempo que aprenden cómo encontrar gozo aún cuando la vida parezca injusta y a conocer la paz que viene al confiar en el Único que puede brindar la fuerza necesaria en medio de nuestra debilidad.

Edificando un Matrimonio que en Verdad Funcione

Dios diseñó el matrimonio para que fuera una relación satisfactoria y realizadora; creando a hombres y mujeres para que ellos—juntos y como una sola carne—pudieran reflejar Su amor por el mundo. El matrimonio, cuando es vivido como Dios lo planeó, nos completa, nos trae gozo y da a nuestras vidas un fresco significado. En este estudio, los lectores examinarán el diseño de Dios para el matrimonio y aprenderán cómo establecer y mantener el tipo de matrimonio que trae gozo duradero.

El Perdón: Rompiendo el Poder del Pasado

El perdón puede ser un concepto abrumador, sobre todo para quienes llevan consigo profundas heridas provocadas por difíciles situaciones de su pasado. En este estudio innovador, obtendrás esclarecedores conceptos del perdón de Dios para contigo, aprenderás cómo responder a aquellos que te han tratado injustamente y descubrirás cómo la decisión de perdonar rompe las cadenas del doloroso pasado y te impulsa hacia un gozoso futuro.

Elementos Básicos de la Oración Efectiva

Esta perspectiva general de la oración te guiará a una vida de oración con más fervor, a medida que aprendes lo que Dios espera de tus oraciones y qué puedes esperar de Él. Un detallado examen del Padre Nuestro y de algunos importantes principios obtenidos de ejemplos de oraciones a través de la Biblia, te desafiarán a un mayor entendimiento de la voluntad de Dios, Sus caminos y Su amor por ti mientras experimentas lo que significa verdaderamente el acercarse a Dios en oración.

Cómo se Hace un Líder al Estilo de Dios

¿Qué espera Dios de quienes Él coloca en lugares de autoridad? ¿Qué características marcan al verdadero líder efectivo? ¿Cómo puedes ser el líder que Dios te ha llamado a ser? Encontrarás las respuestas a éstas y otras preguntas, en este poderoso estudio de cuatro importantes líderes de Israel—Elí, Samuel, Saúl y David— cuyas vidas señalan principios que necesitamos conocer como líderes en nuestros hogares, en nuestras comunidades, en nuestras iglesias y finalmente en nuestro mundo.

¿Qué Dice la Biblia Acerca del Sexo?

Nuestra cultura está saturada de sexo, pero muy pocos tienen una idea clara de lo que Dios dice acerca de este tema. En contraste a la creencia popular, Dios no se opone al sexo; únicamente, a su mal uso. Al aprender acerca de las barreras o límites que Él ha diseñado para proteger este regalo, te capacitarás para enfrentar las mentiras del mundo y aprender que Dios quiere lo mejor para ti.

Principios Clave para el Ayuno Bíblico

La disciplina espiritual del ayuno se remonta a la antigüedad. Sin embargo, el propósito y naturaleza de esta práctica a menudo es malentendida. Este vigorizante estudio explica por qué el ayuno es importante en la vida del creyente promedio, resalta principios bíblicos para el ayuno efectivo y muestra cómo esta poderosa disciplina lleva a una conexión más profunda con Dios.

Entendiendo los Dones Espirituales

¿Qué son Dones Espirituales?
El tema de los dones espirituales podría parecer complicado: ¿Quién

tiene dones espirituales – "las personas espirituales" o todo el mundo? ¿Qué son dones espirituales?

Entender los Dones Espirituales te lleva directamente a la Palabra de Dios, para descubrir las respuestas del Mismo que otorga el don. A medida que profundizas en los pasajes bíblicos acerca del diseño de Dios para cada uno de nosotros, descubrirás que los dones espirituales no son complicados – pero sí cambian vidas.

Descubrirás lo que son los dones espirituales, de dónde vienen, quiénes los tienen, cómo se reciben y cómo obran dentro de la iglesia. A medida que estudias, tendrás una nueva visión de cómo puedes usar los dones dados por Dios para traer esperanza a tu hogar, tu iglesia y a un mundo herido.

Viviendo Como que le Perteneces a Dios

¿Pueden otros ver que le perteneces a Dios?

Dios nos llama a una vida de gozo, obediencia y confianza. Él nos llama a ser diferentes de quienes nos rodean. Él nos llama a ser santos.

En este enriquecedor estudio, descubrirás que la santidad no es un estándar arbitrario dentro de la iglesia actual o un objetivo inalcanzable de perfección intachable. La santidad se trata de agradar a Dios – vivir de tal manera que sea claro que le perteneces a Él. La santidad es lo que te hace único como un creyente de Jesucristo.

Ven a explorar la belleza de vivir en santidad y ver por qué la verdadera santidad y verdadera felicidad siempre van de la mano.

Distracciones Fatales: Conquistando Tentaciones Destructivas

¿Está el pecado amenazando tu progreso espiritual?

Cualquier tipo de pecado puede minar la efectividad del creyente, pero ciertos pecados pueden enraizarse tanto en sus vidas - incluso sin darse cuenta - que se vuelven fatales para nuestro crecimiento espiritual. Este estudio trata con seis de los pecados "mortales" que amenazan el progreso espiritual: Orgullo, Ira, Celos, Glotonería, Pereza y Avaricia. Aprenderás cómo identificar las formas sutiles en las que estas distracciones fatales pueden invadir tu vida y estarás equipado para conquistar estas tentaciones destructivas para que puedas madurar en tu caminar con Cristo.

Liberándose del Temor

La vida está llena de todo tipo de temores que pueden asaltar tu mente, perturbar tu alma y traer estrés incalculable. Pero no tienes que permanecer cautivo a tus temores.

En este estudio de seis semanas aprenderás cómo confrontar tus circunstancias con fortaleza y coraje mientras vives en el temor del Señor – el temor que conquista todo temor y te libera para vivir en fe.

La Fortaleza de Conocer a Dios

Puede que sepas acerca de Dios, pero ¿realmente sabes lo que Él dice acerca de Sí mismo – y lo que Él quiere de ti?

Este estudio esclarecedor te ayudará a ganar un verdadero entendimiento del carácter de Dios y Sus caminos. Mientras descubres por ti mismo quién es Él, serás llevado hacia una relación más profunda y personal con el Dios del universo – una relación que te permitirá mostrar confiadamente Su fuerza en las circunstancias más difíciles de la vida.

Guerra Espiritual: Venciendo al Enemigo

¿Estás preparado para la batalla?
Ya sea que te des cuenta o no, vives en medio de una lucha Espiritual. Tu enemigo, el diablo, es peligroso, destructivo y está determinado a alejarte de servir de manera efectiva a Dios. Para poder defenderte a ti mismo de sus ataques, necesitas conocer cómo opera el enemigo. A través de este estudio de seis semanas, obtendrás un completo conocimiento de las tácticas e insidias del enemigo. Mientras descubres la verdad acerca de Satanás – incluyendo los límites de su poder – estarás equipado a permanecer firme contra sus ataques y a desarrollar una estrategia para vivir diariamente en victoria.

Volviendo Tu Corazón Hacia Dios

Descubre lo que realmente significa ser bendecido
En el Sermón del Monte, Jesús identificó actitudes que traen el favor de Dios: llorar sobre el pecado, demostrar mansedumbre, mostrar misericordia, cultivar la paz y más. Algunas de estas frases se han vuelto tan familiares que hemos perdido el sentido de su significado. En este poderoso estudio, obtendrás un fresco entendimiento de lo que significa alinear tu vida con las prioridades de Dios. Redescubrirás por qué la palabra bendecido significa caminar en la plenitud y satisfacción de Dios, sin importar tus circunstancias. A medida que miras de cerca el significado detrás de cada una de las Bienaventuranzas, verás cómo estas verdades dan forma a tus decisiones cada día – y te acercan más al corazón de Dios.

Acerca De Ministerios Precepto Internacional

Ministerios Precepto Internacional fue levantado por Dios para el solo propósito de establecer a las personas en la Palabra de Dios para producir reverencia a Él. Sirve como un brazo de la iglesia sin ser parte de una denominación. Dios ha permitido a Precepto alcanzar más allá de las líneas denominacionales sin comprometer las verdades de Su Palabra inerrante. Nosotros creemos que cada palabra de la Biblia fue inspirada y dada al hombre como todo lo que necesita para alcanzar la madurez y estar completamente equipado para toda buena obra de la vida. Este ministerio no busca imponer sus doctrinas en los demás, sino dirigir a las personas al Maestro mismo, Quien guía y lidera mediante Su Espíritu a la verdad a través de un estudio sistemático de Su Palabra. El ministerio produce una variedad de estudios bíblicos e imparte conferencias y Talleres Intensivos de entrenamiento diseñados para establecer a los asistentes en la Palabra a través del Estudio Bíblico Inductivo.

Jack Arthur y su esposa, Kay, fundaron Ministerios Precepto en 1970. Kay y el equipo de escritores del ministerio producen estudios **Precepto sobre Precepto,** Estudios **In & Out**, estudios de la **serie Señor**, estudios de la **Nueva serie de Estudio Inductivo**, estudios **40 Minutos** y **Estudio Inductivo de la Biblia Descubre por ti mismo para niños.** A partir de años de estudio diligente y experiencia enseñando, Kay y el equipo han desarrollado estos cursos inductivos únicos que son utilizados en cerca de 185 países en 70 idiomas.

Movilizando

Estamos movilizando un grupo de creyentes que "manejan bien la Palabra de Dios" y quieren utilizar sus dones espirituales y talentos para alcanzar 10 millones más de personas con el estudio bíblico inductivo.

Si compartes nuestra pasión por establecer a las personas en la Palabra de Dios, te invitamos a leer más. Visita **www.precept.org/Mobilize** para más información detallada.

Respondiendo Al Llamado

Ahora que has estudiado y considerado en oración las escrituras, ¿hay algo nuevo que debas creer o hacer, o te movió a hacer algún cambio en tu vida? Es una de las muchas cosas maravillosas y sobrenaturales que resultan de estar en Su Palabra – Dios nos habla.

En Ministerios Precepto Internacional, creemos que hemos escuchado a Dios hablar acerca de nuestro rol en la Gran Comisión. Él nos ha dicho en Su Palabra que hagamos discípulos enseñando a las personas cómo estudiar Su Palabra. Planeamos alcanzar 10 millones más de personas con el Estudio Bíblico Inductivo.

Si compartes nuestra pasión por establecer a las personas en la Palabra de Dios, ¡te invitamos a que te unas a nosotros! ¿Considerarías en oración aportar mensualmente al ministerio? Si ofrendas en línea en **www.precept. org/ATC**, ahorramos gastos administrativos para que tus dólares alcancen a más gente. Si aportas mensualmente como una ofrenda mensual, menos dólares van a gastos administrativos y más van al ministerio.

Por favor ora acerca de cómo el Señor te podría guiar a responder el llamado.

COMPRA CON PROPÓSITO

Cuando compras libros, estudios, audio y video, por favor cómpralos de Ministerios Precepto a través de nuestra tienda en línea (**http://store.precept.org/**) o en la oficina de Precepto en tu país. Sabemos que podrías encontrar algunos de estos materiales a menor precio en tiendas con fines de lucro, pero cuando compras a través de nosotros, las ganancias apoyan el trabajo que hacemos:

• Desarrollar más estudios bíblicos inductivos
• Traducir más estudios en otros idiomas
• Apoyar los esfuerzos en 185 países
• Alcanzar millones diariamente a través de la radio y televisión
• Entrenar pastores y líderes de estudios bíblicos alrededor del mundo
• Desarrollar estudios inductivos para niños para comenzar su viaje con Dios
• Equipar a las personas de todas las edades con las habilidades es estudio bíblico que transforma vidas

Cuando compras en Precepto, ¡ayudas a establecer a las personas en la Palabra de Dios!

www.ingramcontent.com/pod-product-compliance
Lightning Source LLC
Chambersburg PA
CBHW071820020426
42331CB00007B/1562